少林燕青擒扑手

孟璠杰 著

北京体育大学出版社

责任编辑：曾　莉
责任校对：王泓滢
版式设计：高文函

图书在版编目（CIP）数据

少林燕青擒扑手 / 孟璠杰著 . -- 北京 : 北京体育大学出版社 , 2025. 7. -- ISBN 978-7-5644-4291-0

Ⅰ . G852.191.9

中国国家版本馆 CIP 数据核字第 2025XZ1273 号

本书是河南省科学技术厅科技攻关重点科研系列成果之一，项目编号：232102321126，项目名称：基于信息化技术的河南武术文化资源保护与传承研究。

少林燕青擒扑手
SHAOLIN YANQING QINPUSHOU
孟璠杰　著

出版发行：北京体育大学出版社
地　　址：北京市海淀区农大南路 1 号院 2 号楼 2 层办公 B-212
邮　　编：100084
网　　址：http://cbs.bsu.edu.cn
发 行 部：010-62989320
邮 购 部：北京体育大学出版社读者服务部 010-62989432
印　　刷：河北盛世彩捷印刷有限公司
开　　本：710mm × 1000mm　1/16
成品尺寸：170mm × 240mm
印　　张：14.25
字　　数：174 千字
版　　次：2025 年 7 月第 1 版
印　　次：2025 年 7 月第 1 次印刷
定　　价：45.00 元

作者简介

孟璠杰，河南体育学院副教授；中国武术六段；武术散打项目、综合格斗项目国家级裁判员，国际级自由搏击裁判员；2023年全国自由搏击教练员、裁判员线下考核培训班培训讲师；全国青少年体育联合会青少儿搏击运动技能等级考评官导师；出版《拳击教程》《传统搏击运动文化发展与技能研究》等教材与专著。

燕青拳，中华武术一大古老拳种，流传很广，流派很多，散见于全国各地，如“燕青捶”“燕青翻”“燕青套”等，各有所长，争奇斗艳。本书所述的少林燕青擒扑手，乃编者师承，属少林秘宗，与众不同，独具特色。本门燕青拳，注重技击，擅长擒扑，套路很少，散手较多。

擒扑手是惯称，旧称“燕青扑”“伏虎手”“相扑法”“倒仆法”。何谓“擒扑手”？“擒”指擒拿，“扑”指扑摔，“手”指招法，擒扑手就是擒住敌方、摔倒敌方的招法。两技相合，精妙别致，可擒可摔，防不胜防，既可制敌关节，使其失力，又可致敌跌趴，倒地难起。

少林燕青小擒扑，其招数简单，易学易用，劲法明快，收发便利，乃擒扑入门必备之基。实战之时，注重突击，见机急进；讲究速度，以快胜慢；配合巧劲，乘势发力；手抓脚绊，灵捷善变；出其不意，一招制敌。

少林燕青大擒扑，相对于少林燕青小擒扑而分，乃以少林燕青小擒扑为基，也是少林燕青小擒扑的攻防进阶，技法完整全面。实战之时，注重攻击，力道多变；融合打法，技术复合；威猛难挡，招数珠连；运用精妙，可克劲敌。

少林燕青老擒扑，乃本门精选之手，代代相传，招法精湛，古朴实用。实战之时，反应要灵敏，攻防要准确，出手要快捷，发劲要迅猛，见机即急进，沾身即擒摔。

少林燕青反擒扑，简单地讲，就是以擒扑制擒扑。当敌方对我方进行擒拿或欲使我方摔跌之时，我方以擒扑来解脱并反制，先破后攻，尽快化解，随机应变，乘机还击。

目录

第一章　少林燕青小擒扑（三十六手）

第二章 少林燕青大擒扑（三十六手）

第三章 少林燕青老擒扑（十八手）

第四章 少林燕青反擒扑（二十四手）

第一章

少林燕青小擒扑（三十六手）

少林燕青小擒扑，其招数简单，易学易用，劲法明快，收发便利，乃擒扑入门必备之基。

实战之时，注重突击，见机急进；讲究速度，以快胜慢；配合巧劲，乘势发力；手抓脚绊，灵捷善变；出其不意，一招制敌。

本章即介绍少林燕青小擒扑，采其精招，共三十六手。

有歌曰："燕青小擒扑，临敌急出手。两爪赛钢钩，山猫抓老鼠。腿如绊马索，拦路不让走。不可多纠缠，沾衣发弹抖。"

一 丹凤展翅

【实战应用】

1. 敌方右脚上步，右拳冲击我方脸部。我方向左稍闪，沉身坐胯；右臂向前上架，格挡敌方右臂。（图1–1）

2. 我方右掌顺势旋腕，抓住敌方右腕；左脚向前上步，左膝（或左小腿）后绊敌方右腿；头部钻过敌方右臂，使右肩担住敌方右肘；左掌向前横切敌方左肋，致其疼痛失力。（图1–2）

图1–1

图1–2

3. 我方上起左掌，向左用力拦压敌方左臂，使其向后歪倒。（图1–3）

图1–3

拔根倒柱

二

【实战应用】

1. 敌方左腿在前；右手抓住我方左腕，左手托住我方左臂，用力向后掳拉。（图1–4）

2. 我方两脚顺势上步，左脚进至敌方裆下；左手借劲下伸，身体向前挤靠，使敌方难以发力。（图1–5）

3. 我方左手乘机搂住敌方右腰，向上抱起；右手下伸，扣抓敌方左膝外侧，向上扳起。（图1–6）

图1-4

图1-5

图1-6

4. 我方身向右转，两脚摆扣；右手向左上抄，左手用力向右扒搂，左臂顺势向右拦压，致敌方侧身歪倒。（图1–7）

图1–7

三 踩腿扳颌

【实战应用】

1. 敌方左脚进步；右手抓住我方左腕，左臂兜挎我方左臂，欲行擒拿。（图1–8）

2. 我方左脚稍向左摆，右脚上步；腰向左拧，胸向前靠，化解敌方控臂之势。（图1–9）

3. 我方反击，速出左脚，下踩敌方左小腿外侧（或左膝关节）。（图1–10）

图1-8

图1-9

图1-10

4. 我方左脚顺势向前落步，拦住敌方左腿；右手向前上伸，扒住敌方脸部，用力向右拦压，致其头歪身倒。（图1–11）

图1–11

四 顺风送客

【实战应用】

1. 敌方右脚进步；左手抓住我方右腕，右臂兜夹我方右臂，欲行擒拿。（图1–12）

2. 我方两脚上步，身向右靠；右手握拳向左上提，右臂用力挺直，迟滞敌方发力。（图1–13）

3. 我方乘机发力，腰向左拧，两脚摆扣；右拳向左猛劲勾压敌方胸部（或脖颈），既可折伤敌方左腕，迫其松手，又可致敌后歪倒地。（图1–14）

图1-12

图1-13

图1-14

五 翻江倒海

【实战应用】

1. 敌方左脚进步；右手抓住我方左腕，向下拉拽；左臂兜住我方左臂，欲折我方左肘。（图1–15）

2. 我方左肘尽量用力下沉，抵住敌方左肘，以迟滞敌方发力；右膝顺势跪步，右手下伸，抓住敌方左腿膝弯。（图1–16）

图1–15

图1–16

3. 我方右脚垫步，左脚前移；身体立起，右手上抄敌方左腿，抱于右腰间。（图1–17）

4. 我方左脚绕步，后绊敌方右腿；左手乘机向右挣脱敌方控制，与右手合力，拧拽敌方左腿，致其翻躺于地。（图1–18）

图1–17

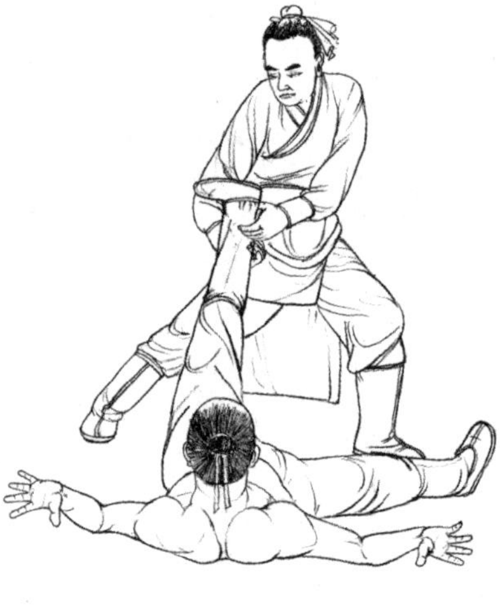

图1–18

罗汉坐桥

六

【实战应用】

1. 敌方右脚进步；左手抓住我方左腕，右手从我方左臂上侧穿入腋下，欲行摔跌。（图1–19）

2. 我方左脚前移一步，进于敌方裆下；左臂顺势前伸，左手向左扭动，消解敌方扭别之劲；向右俯身，下伸右手，抓住敌方右小腿向上扳起。（图1–20）

图1–19

图1–20

3. 我方身向右转，臀部向左贴住敌方右大腿用力下坐；右手继续上扳，左手向左扭别敌方右臂助劲，致敌仰身后倒。（图1–21）

图1–21

七 顺水推舟

【实战应用】

1. 敌方右腿在前；左手抓住我方左腕，右手托住我方左臂，向其左侧拽拉。（图1–22）

2. 我方右脚上步，进于敌方裆下；右拳趁势崩击敌方脖颈，致其受创失力。（图1–23）

3. 我方左掌乘机向左脱开敌方抓腕，顺势以左臂兜住敌方右肘向左挤压；左脚进至敌方裆下，弓步用力；右手按住敌方右膀，身向左靠，迫使敌方向左低头俯身。（图1–24）

图1–22

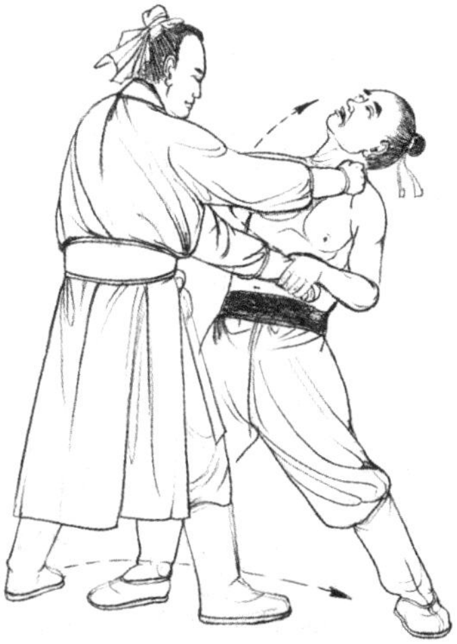

图1–23

图1–24

4. 我方左肘抵住敌方右腋，向左前方猛然冲压；右手推送敌方右膀助劲，致其仆地远跌。（图1–25）

图1–25

八 虎臂铁膀

【实战应用】

1. 敌方左脚进步，左拳崩击我方脸部。我方步稍后撤，沉身坐胯；右掌向前上挑，拦格敌方左腕。（图1–26）

2. 我方右掌顺势抓拽敌方左腕；左脚上步，左腿后绊敌方左腿；左掌下伸，插向敌方裆部。敌方急忙弯腰躲避。（图1–27）

3. 我方右手继续向右拧拽敌方左腕；向右转身，以左膀贴住敌方左肘向右旋压，致其后翻躺倒。（图1–28）

图1-26

图1-27

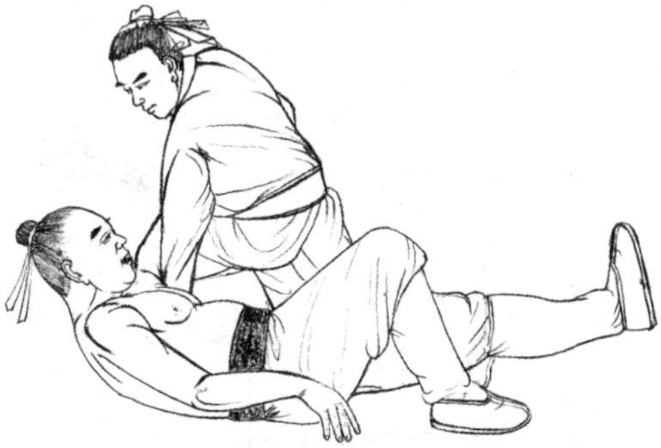

图1-28

九

低挂扳拦

【实战应用】

1. 敌方左脚进步，左拳冲击我方胸部。我方撤步后避；两掌里合，向上夹托敌方左腕。（图1–29）

2. 我方右掌顺势抓住敌方左腕，向左下拉；两脚滑步前移，身向右转；左臂屈肘向右盘压敌方左臂。（图1–30）

图1–29

图1–30

3. 我方左脚上步，左腿拦住敌方左腿；左掌下伸，扒住敌方腹部，右掌上伸，按住敌方头顶（或额部）。（图1-31）

4. 我方向右转身，左脚向左倒挂敌方左小腿（或左脚跟）；右手按紧敌方头部向右下方扳压，左手扒紧敌方腹部向右下方拦压，猛劲合力，摔敌倒地。（图1-32）

图1-31

图1-32

十

牵牛过槛

【实战应用】

1. 敌方左脚进步，左拳崩击我方脸部。我方撤步吞身；左掌上提，拦拍敌方左臂。（图1–33）

2. 我方右手上起，与左手一起抓握敌方左腕。（图1–34）

图1–33

图1–34

3. 我方身向右转，左脚提起，猛踩敌方左腿胫骨；两手紧握敌方左腕向右拉拽。（图1–35）

4. 我方左脚顺势向右前落，左腿后绊敌方左腿；两手合力向右下方旋拧敌方左腕，致其翻倒在地。（图1–36）

图1–35

图1–36

十一 韦陀挥鞭

【实战应用】

1. 敌方右脚上步，左拳冲击我方脸部。我方撤身后闪；右掌上伸，向右拦架敌方左腕。（图1–37）

2. 我方身向右转，右掌外旋抓住敌方左腕，向右上提；左脚上步，左腿后绊敌方右腿。（图1–38）

图1–37

图1–38

3. 我方向左转身，左臂屈肘，向左捣击敌方左肋；右手紧抓不放。（图1–39）

4. 我方左脚向右勾挂敌方右小腿（或右脚跟）；右手松开，左掌顺势向左劈扫敌方左腰部，致其后倒。（图1–40）

图1–39

图1–40

十二 地龙卷尾

【实战应用】

1. 敌方右脚上步，右拳冲击我方胸部。我方向右旋身；左臂屈肘，下压敌方右臂。（图1–41）

2. 我方向左转体，两脚摆扣；左掌顺势向左斜劈，攻其左颈（或咽喉）。（图1–42）

图1–41

图1–42

3. 乘敌方躲闪之际，我方伸出左脚向右勾踢敌方右小腿（或右脚跟），致其轰然后倒。（图1-43）

图1-43

十三 撵猴入笼

【实战应用】

1. 敌方左脚进步，右拳冲击我方脸部。我方右转避过，斜身跪步。（图1-44）

2. 我方右脚垫步，左脚向左后撩，踢击敌方裆部。（图1-45）

3. 我方左脚落向敌方左腿外侧，向前探身；左手穿过敌方右腋，向右搂压敌方右肩；右手按住敌方头部向右下按，致其身歪欲倒。（图1-46）

图1-44

图1-45

图1-46

4. 我方两手继续向右按压，左臂夹住敌方右腋猛劲兜去，致其前栽仆地。（图1–47）

图1–47

十四 顺风扯旗

【实战应用】

1. 我方右脚上步，右拳冲击敌方胸部。敌方偏身闪过；右手抓拿我方右前臂；左手抓托住我方右肘，欲行擒拿。（图1–48）

2. 我方不待敌方发力，右手外旋反抓敌方右腕，猛劲向右拉拽；左拳紧跟，崩击敌方嘴部。（图1–49）

3. 我方反击不停，右脚踩踏敌方左膝，伤其关节；左臂屈肘回压敌方右肘，不让敌逃。（图1–50）

图1-48

图1-49

图1-50

4. 我方右脚向右落步，身向右拧；左臂夹住敌方右肘，右手拽住敌方右腕，一起向右下方猛劲甩送，致其仆地前趴。（图1-51）

图1-51

燕青伏虎

十五

【实战应用】

1. 敌方左脚进步，右手来卡我方咽喉。我方赶紧仰身，不让敌方抓牢。（图1-52）

2. 我方右脚后撤，身向右转；右手抓住敌方右手向下按压，使其无法用力；左脚乘机上步，外拦敌方左脚，准备反击。（图1-53）

3. 我方右手向右大幅拧转敌方右手，左肘用力盘压敌方右上臂，致敌歪身仆地，将其牢牢擒制。（图1-54）

图1-52

图1-53

图1-54

十六 游龙戏凤

【实战应用】

1. 我方右脚上步，右手去卡敌方咽喉。敌方用左手缠抓我方右腕，右手掳住我方右肘。（图1–55）

2. 我方左脚顺势上步，向右转身，进至敌方右后方；左臂乘机缠住敌方脖颈，用力后勒。（图1–56）

图1–55

图1–56

3. 敌方咽喉被勒，急忙低头，与我方相抗。我方即起左膝，上顶敌方裆部（或尾闾），致其疼痛失力。（图1-57）

4. 我方反击不停，左脚落步，向左旋身；左手顺势抓扣敌方下颌，向左后方猛劲扳压，致其翻滚跌出。（图1-58）

图1-57

图1-58

十七

短打按摔

【实战应用】

1. 我方右脚上步，右手掏击敌方腹部。敌方退步后闪，两手按抓我方右腕。（图1–59）

2. 我方左脚上步，进至敌方裆下；向右转身，左肘横扫敌方右颈，致其受创失势。（图1–60）

图1–59

图1–60

3. 我方左臂顺势前伸，搂住敌方脖颈向左勒压；左膝上提，顶撞敌方小腹（或裆部），致其重创；右手乘机反抓敌方左腕向前上推，扭转敌方左臂。（图1–61）

4. 我方左脚向左后落，身向左转；左掌回搂敌方后脑向左勾甩，右掌下按敌方腰后向左推送，致其远跌仆出。（图1–62）

图1–61

图1–62

抹脖搜跟

十八

【实战应用】

1. 敌方右脚上步，左拳冲击我方胸部。我方偏身后坐；右掌向前上甩，拦格敌方左臂。（图1–63）

2. 我方右掌顺势抓住敌方左腕向下压按；左掌乘机向前横切敌方左腮（或左耳）。敌方偏头闪过。（图1–64）

图1–63

图1–64

3. 我方身向右转，左脚向右勾挂敌方右小腿（或右脚跟）；左掌向左斜劈敌方脖颈，上下交错，连打带踢，致敌翻倒。（图1-65）

图1-65

十九 抄腿搜跟

【实战应用】

1. 敌方移步进身，右腿踹击我方胸部。我方向右闪过，左臂屈肘顺势抄抱敌方右小腿。（图1-66）

2. 我方右掌向前斜劈敌方胸部；左脚向右扫踢敌方左小腿（或左膝），致其身歪欲倒。（图1-67）

3. 我方左脚向右落步，顺势勾绊；右掌不收，沾身发力，向前推震敌方左肩，致其失衡翻倒。（图1-68）

图1-66

图1-67

图1-68

二十 抱柱扛梁

【实战应用】

1. 敌方垫步进身，左腿踹击我方脸部。我方沉身下蹲，避过敌方腿击。（图1-69）

2. 我方左脚上步，身向右俯；两手抱住敌方右腿，左肩抵住敌方右大腿。（图1-70）

图1-69

图1-70

3. 我方起身弓步；两手后抄，左肩前拱，合力扳其右腿，致其翻身仆地。（图1–71）

图1–71

倒扫连环

二十一

【实战应用】

1. 敌方移步进身，右腿踹击我方脸部。我方屈膝下蹲，向左俯身；两手按地，蓄势待发。（图1–72）

2. 我方向左拧身，左腿向左后方划弧发力，倒扫敌方左脚踝（或左小腿），致其失衡欲倒。（图1–73）

3. 我方左脚向左外收，向右转身；右腿向右倒扫敌方臀部，将敌方踢趴在地。（图1–74）

图1-72

图1-73

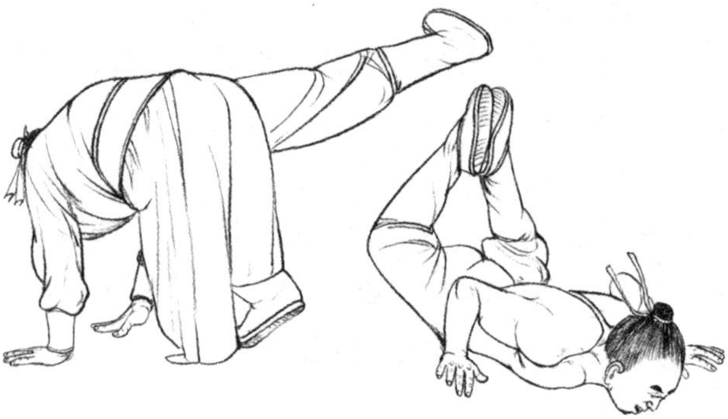
图1-74

接腿伤膝

二十二

【实战应用】

1. 敌方移步进身，右腿踹击我方胸部。我方向左偏身闪过，右臂顺势兜起敌方右小腿。（图1–75）

2. 我方右臂夹住敌方右腿向右扭压；左掌上起，猛劲下劈敌方右膝弯，致其疼痛失力。（图1–76）

图1–75

图1–76

3. 我方上提左膝，向右跪压敌方右膝弯；左手回抱敌方右脚，两手合力扭扳，致敌仆地被擒。（图1–77）

图1–77

二十三

燕青擒蟒

【实战应用】

1. 敌方垫步进身，左腿踹击我方胸部。我方偏身闪过，两手顺势抄抱，右手抓扣其左脚踝，左手抓扣其左小腿。（图1–78）

2. 我方两手紧抱敌方左腿，向右旋身拖拽，使其失衡欲倒。（图1–79）

3. 我方左腿跪步；左膀乘机向下靠压敌方左小腿，两手上提助劲，致其躺倒在地。（图1–80）

图1-78

图1-79

图1-80

二十四

倒拖虎尾

【实战应用】

1. 敌方垫步进身，右腿踹击我方胸部。我方偏身闪过，顺势抄抱敌方右腿，右手抓扣其左脚掌，左臂兜夹其左小腿。（图1–81）

2. 我方右脚垫步，左脚侧踹敌方左膝弯，伤其关节，致其仆地。（图1–82）

图1–81

图1–82

3. 我方左脚向右扣步，身向右转；右手与左臂一起向右用力旋拽，将敌方拖翻于地。（图1–83）

图1–83

小龙摆尾

二十五

【实战应用】

1. 我方移步进身，左脚向右勾挂敌方右脚跟，将其右腿踢起。（图1–84）

2. 我方左脚前落，右脚垫步，左脚向前踹击敌方左膝弯，伤其关节。（图1–85）

3. 我方左脚顺势前落，右脚稍进；左掌向前猛推敌方右肩，右掌推其右臂助劲，致其前栽仆地。（图1–86）

图1-84

图1-85

图1-86

二十六

弃薪抛物

【实战应用】

1. 敌方垫步进身，提起左脚向我方胸部蹬踢而来。我方向后撤身，避过敌方腿击。（图1–87）

2. 我方左脚稍进，向前探身；两手一起托抓敌方左脚跟。（图1–88）

图1–87

图1–88

3. 我方两脚向前滑步；两手托住敌方左脚向前猛劲上掀，致其翻滚跌出。（图1–89）

图1–89

二十七 霸王搬笋

【实战应用】

1. 敌方上步进身，左腿横扫我方头部。我方撤步避过，右臂上举，向右拦截敌方左腿。（图1–90）

2. 我方左脚上步；右手顺势抓住敌方左脚踝向右拉拽，左臂向前兜夹敌方左小腿。（图1–91）

3. 我方右手与左臂一起用力，向右后方扭拉敌方左腿；左脚向左倒扫敌方右脚跟，致其仰身翻倒。（图1–92）

图1-90

图1-91

图1-92

二十八

铁肩膀靠

【实战应用】

1. 敌方右脚上步，右拳冲击我方脸部。我方沉身后坐，左掌上挑，向左拦格敌方右臂。（图1–93）

2. 我方右脚上步，右腿外绊敌方右腿；左掌抓拿敌方右腕，右臂上抄，兜夹敌方右腋。（图1–94）

图1–93

图1–94

3. 我方左脚向右后方摆步半周；左手紧抓敌方右腕向右后方猛劲拧拉，右臂紧夹敌方右腋向右猛劲兜甩，致其翻滚跌出。（图1–95）

图1–95

勾挂跪压

二十九

【实战应用】

1. 敌方左脚进步，左拳冲击我方胸部。我方撤步闪过，左掌上挑，向左拦格敌方左臂。（图1–96）

2. 我方左掌外旋，抓拿敌方左腕向下按压；右脚垫步，左脚前伸，向右勾挂敌方左脚。敌方左脚提起欲逃。（图1–97）

3. 我方左膝速向右跪，猛压敌方左小腿；左手紧抓敌方左腕向左后拽，致其后倒。（图1–98）

图1-96

图1-97

图1-98

猛龙卷尾

三十

【实战应用】

1. 敌方右脚上步，右拳冲击我方脸部。我方撤步避过，左掌上起，向左拦格敌方右臂。（图1–99）

2. 我方左掌顺势扣抓敌方右臂，向左外牵。（图1–100）

图1–99

图1–100

3. 我方左手向左下甩敌方右臂；右脚垫步，左脚向右勾踢敌方右脚，向上用力挑起，致其身仰后倒。（图1–101）

图1–101

三十一 卡喉推按

【实战应用】

1. 敌方右脚上步，左拳冲击我方咽喉。我方撤步偏身，左掌上提，向左拦切敌方左腕。（图1–102）

2. 敌方再踢左脚，横扫我方右腰。我方向左稍闪，右手顺势抄抱敌方左小腿；左手扣抓敌方左臂向左上推。（图1–103）

3. 我方右脚垫步，左脚上步，左腿后绊敌方右腿；左手前伸，用虎口去卡敌方咽喉。（图1–104）

图1–102

图1–103

图1–104

4. 我方向右拧腰，左手卡住敌方咽喉向右猛劲推按；右手向右拉捋敌方左小腿助劲，致其躺地就擒。（图1–105）

图1–105

三十二

勒喉扳颈

【实战应用】

1. 敌方右脚上步，右拳冲击我方脸部。我方向左稍闪，右臂上提，向右拦格敌方右臂。（图1–106）

2. 我方左脚前跨，进至敌方右后方。右掌外旋扣拿敌方右腕，左臂屈肘夹住敌方脖颈。（图1–107）

3. 我方左脚向右后方摆步，右脚上起，斜踩敌方右膝弯；左臂用力后勒敌方咽喉，致其呼吸困难。需要注意的是，此招可致敌方窒息昏死，因此左臂不得大力紧勒。（图1–108）

图1–106

图1–107

图1–108

4. 我方右脚收落，向左旋身；左手顺势搂住敌方右颈向左用力扳转，致其翻身仆倒。（图1–109）

图1–109

三十三

大雁卷翅

【实战应用】

1. 敌方左脚进步，左拳崩击我方脸部。我方撤步闪过，右掌上伸，向右拦格敌方左臂。（图1–110）

2. 我方左脚上步，左腿后绊敌方左腿；右掌外旋扣拿敌方右腕；左掌上伸，拦压敌方右肩。（图1–111）

3. 我方左掌按住敌方右肩斜向右下方猛劲旋压，右手拽住敌方左腕顺势向右上提，致其后翻滚地。（图1–112）

图1-110

图1-111

图1-112

三十四

反扛虎尾

【实战应用】

1. 敌方左脚进步，左拳崩击我方脸部。我方向右闪过，左掌上挑，向左拦格敌方左臂。（图1–113）

2. 我方两手合力抓抱敌方左腕（右掌穿过敌方左臂向左上方抓拿，左掌外旋抓抱自己的右掌）；左脚向敌方左后方插步，身向左转约半周，右肩顺势扛住敌方左肘。（图1–114）

图1–113

图1–114

3. 我方右脚向左上步，身体继续左转；右肩紧扛敌肘不松，两手紧抱敌腕用力下拉，扭伤其臂，旋而摔之。（图1–115）

图1–115

三十五 脑后摘盔

【实战应用】

1. 敌方右脚上步，左拳冲击我方胸部。我方向右潜身，跪步避过。（图1–116）

2. 我方向上起身，左腿提膝向前撞击敌方小腹。（图1–117）

3. 我方左脚向后落步，向左转体；左手按住敌方后脑，右掌按住敌方后背，两手一起向左猛劲旋压，致其前仆跪地。（图1–118）

图1-116

图1-117

图1-118

孤雁盘翅

三十六

【实战应用】

1. 敌方右脚上步，右拳冲击我方脸部。我方向右避过，右臂上提，向左拦格敌方右臂。（图1–119）

2. 我方左脚上步，左肩顺势扛住敌方右前臂；左掌向前按住敌方右上臂。（图1–120）

图1–119

图1–120

3. 我方向右转身，两脚摆扣；左掌按住敌方右上臂用力旋压，右掌顺势后捋敌方右前臂，扳扭敌方右臂。（图1–121）

4. 我方左臂兜住敌方右上臂，向右猛劲一送，致其仆地前趴。（图1–122）

图1–121

图1–122

第二章

少林燕青大擒扑（三十六手）

少林燕青大擒扑，相对于少林燕青小擒扑而分，乃以少林燕青小擒扑为基，也是少林燕青小擒扑的攻防进阶，技法完整全面。

实战之时，注重攻击，力道多变；融合打法，技术复合；威猛难挡，招数珠连；运用精妙，可克劲敌。

有所谓："大擒扑，多连变。连者，此收彼发，连环不断。一招不行，紧接一招，敌不伤不止。变者，变化多端，不可端倪。招要变，势要变，劲要变，令敌无法防。"

一

燕青推碑

【实战应用】

1. 敌方左脚进步，右拳栽击我方腹部。我方向左稍闪，沉身坐胯；右臂下伸，向右拦格敌方右腕。（图2-1）

2. 我方右脚上步，拦住敌方左脚；左掌向前按住敌方右肩。（图2-2）

图2-1

图2-2

3. 我方右脚向左勾绊；右手向前转掌，与左掌一起前推，猛劲抖震，将敌击倒。（图2-3）

图2-3

扭别勾挂

【实战应用】

1. 敌方右脚上步，右拳冲击我方胸部。我方偏身避过，使其落空；右掌顺势抓住敌方右腕，左掌贴住敌方右上臂（或右肘）；左脚乘机前伸，绊住敌方右脚。（图2-4）

2. 我方右手紧抓不放，左手抓住敌方右臂向右下按；右脚垫步，左脚前滑，左膝用力冲压敌方右腿。如此扭臂别腿，使敌身向后歪。（图2-5）

3. 我方左脚猛然向右勾挂敌方右脚跟；两手向左下方旋拉甩送，致其翻身滚倒，重跌于地。（图2-6）

图2-4

图2-5

图2-6

踏蹬拖摔

【实战应用】

1. 敌方左脚进步，左拳冲击我方胸部。我方偏身闪过；左手顺势抓住敌方左腕，右手向前托抓敌方左上臂（或左肘）。（图2–7）

2. 我方上提左脚，脚跟发力，猛踏敌方左腿前胫，致其疼痛失力。（图2–8）

图2–7

图2–8

3. 我方左脚蹬住敌方小腿不收；两手拖住敌方左臂，乘机向左猛劲下甩，致其前栽仆出。（图2–9）

图2–9

四

小乙拦门

【实战应用】

1. 敌方右脚上步，右拳上冲我方脸部。我方向左稍闪；右掌向上拦截敌方右拳。（图2–10）

2. 我方右脚出击，向前斜蹬敌方右腿前胫；左掌前伸，托住敌方右上臂，右掌外旋，压住敌方右腕。（图2–11）

3. 我方右脚不收，贴住敌方小腿，再以旋劲向右下踩；两掌助劲，下压上托，立可扭伤敌方腿脚，致其跪地难动。（图2–12）

图2-10

图2-11

图2-12

五

浪子回头

【实战应用】

1. 敌方右脚上步，右拳上冲我方脸部。我方向右稍闪；左臂向左拦架敌方右臂。（图2–13）

2. 我方右脚上步，进于敌方裆下；左手顺势抓按敌方右腕，右手前伸，经敌方右颈侧穿过。（图2–14）

图2–13

图2–14

3. 我方右脚前脚掌落地，向前探身；右掌心贴住敌方后脖颈，四指抠住敌方左颈侧。（图2–15）

4. 我方左手抓住敌方右腕向前上提推送，右掌扳住敌方脖颈部向右下按；右脚乘机向左勾挂敌方左腿。（图2–16）

图2–15

图2–16

5. 我方手脚配合同时发力，将敌方向右后方旋转，致其跌仆而出。（图2–17）

图2–17

六

小鬼推磨

【实战应用】

1. 敌方右脚上步，右拳冲击我方头部。我方向后稍闪，左臂上提，拦架敌方右臂。（图2–18）

2. 我方右脚上步，左手顺势抓拿敌方右腕；右手乘机向前抓按敌方头部左侧（或锁扣敌方下颌，也可拽住敌方左耳）。（图2–19）

3. 我方腰向右拧，右手按紧敌方头部向右下扳；左手抓紧敌方右腕向右上推。（图2–20）

图2-18

图2-19

图2-20

4. 我方继续向右拧腰，两手继续加力，致敌翻倒方止。（图2–21）

图2–21

七 风卷残云

【实战应用】

1. 敌方右脚上步，右拳崩击我方脸部。我方向左稍闪，右掌上伸，向右拦格敌方右腕。（图2–22）

2. 我方右掌顺势按压敌方右拳，左臂上提，左前臂下压敌方右肘助劲，使其右臂下落而无法攻防；右脚提起，准备进步。（图2–23）

3. 我方右脚进步，右腿外拦敌方右腿；左臂继续下压敌方右臂，右掌乘机前伸，按住敌方左胸。（图2–24）

图2–22

图2–23

图2–24

4. 我方左脚外摆，身向左转，右腿向外扭别敌方右腿；右手贴住敌方向左下猛劲推压，左手顺势拽敌右臂助劲，致其侧翻滚地。（图2–25）

图2–25

八

野马翻蹄

【实战应用】

1. 敌方右脚上步，右拳冲击我方脸部。我方低头俯身，蹲步避过。（图2–26）

2. 我方左脚稍进，右腿跪步；左手下伸，扳住敌方右脚踝外侧；右掌前伸，按住敌方右膝内侧。（图2–27）

3. 我方身向前探，用头猛撞敌方右肋。（图2–28）

图2-26

图2-27

图2-28

4. 我方右脚稍进；左手乘机上扳敌方右脚跟，右手用力下压敌方右膝，致其后倒坐地。（图2–29）

图2–29

九 移步换形

【实战应用】

1. 敌方右脚上步，右拳向我方脸部砸来。我方左闪偏身，右手上提，向右拦切敌方右臂。（图2–30）

2. 我方先上右步，左步紧跟，从敌方右侧绕至其身后；两手顺势按住敌方两肩。（图2–31、图2–32）

图2-30

图2-31

图2-32

3. 我方右脚后撤一步；两手抓住敌方两肩向下猛劲扳压，致其仰身后滚。（图2-33）

图2-33

十

野牛闯阵

【实战应用】

1. 敌方右脚上步，右拳冲击我方脸部。我方潜身下闪，左脚顺势前跨，进敌外门。（图2-34）

2. 我方前伸两手，合抱敌方两腿；头部顺势抵住敌方小腹。（图2-35）

3. 我方右腿蹬直，身体上起；头向前拱敌方小腹，致其步身不稳。（图2-36）

图2-34

图2-35

图2-36

4. 我方右脚上步；两手抱住敌腿向后上扳，头部继续前冲，致其后歪倒地。（图2–37）

图2–37

十一 横扫千军

【实战应用】

1. 敌方左脚进步，左拳向我方脸部崩击而来。我方向右稍闪，左手上提，向左拦架敌方左臂。（图2–38）

2. 我方右脚上步，进至敌方裆下，上体随之左旋；左掌顺势前滑抓住敌方左上臂，向左后牵；右掌前伸，拦住敌方脊背，向左按压。（图2–39、图2–40）

图2-38

图2-39

图2-40

3. 我方两手继续向左用力，左手拉拽，右手拦压，致其翻滚坐地。（图2-41）

图2-41

十二 夜驴拉磨

【实战应用】

1. 敌方右脚上步，右拳冲击我方脸部。我方向左偏身，两掌同时上拦，右掌拦格敌方右拳，左掌拦格敌方右上臂。（图2-42）

2. 我方右脚上步，进至敌方右门；右手顺势抓住敌方右腕，左臂向前搂住敌方脖颈。（图2-43）

3. 我方右膝别住敌方右腿；身向左转，左手抓扣敌方右腮向左后方用力扳扭，致其身旋前仆。（图2-44）

图2-42

图2-43

图2-44

十三

顺藤摸瓜

【实战应用】

1. 敌方右脚上步，右拳冲击我方脸部。我方向左偏身，两掌同时上拦，右掌拦格敌方右拳，左掌拦格敌方右上臂。（图2–45）

2. 我方左脚稍摆，右脚乘机上步，右腿后绊敌方右腿；左掌贴住敌方右上臂向下捋压，使其右臂屈肘下落；右掌顺势扑向敌方脸部，以掌根抵住敌方下颌。（图2–46）

图2–45

图2–46

3. 我方右掌抵住敌方下颌，猛然抖劲前推；左掌前切敌腹助劲，致其仰身后倒。（图2-47）

图2-47

十四 赶鸭上架

【实战应用】

1. 敌方移步进身，右脚蹬向我方胸部。我方向左闪步，右臂下插，向右拦格敌方右小腿。（图2-48）

2. 我方右脚上步，右腿后绊敌方左腿；右臂顺势屈肘向上兜起敌方右腿，左掌用力下拍敌方右大腿，致其身歪后倒。（图2-49）

3. 我方继续用招，右臂乘势兜住敌方右腿向前掀送，致其后翻远跌。（图2-50）

图2-48

图2-49

图2-50

浪子撵猴

十五

【实战应用】

1. 敌方右脚上步，右拳冲击我方脸部。我方撤步避过，右手乘机抓缠敌方右腕，左掌上托敌方右肘，致其疼痛失力。（图2-51）

2. 我方左脚左摆，左手后捋与右手一起合抓敌方右腕；右脚上步，两手随之向左上拧，反扭敌方右臂。（图2-52）

图2-51

图2-52

3. 我方右脚再进，身向前挤；右手向右反搂敌方左腰。（图2-53）

4. 我方左手继续向右扭推敌方右腕；腰向右拧，右臂拦压敌方腰背向右猛劲旋扭，致其侧仆跌出。（图2-54）

图2-53

图2-54

十六

青蛇缠藤

【实战应用】

1. 敌方右脚上步，右拳冲击我方腹部。我方向左稍闪，右掌向前下插，以右前臂外格敌方右臂。（图2-55）

2. 我方右脚上步，进至敌方右门；右臂屈肘顺势上兜敌方右肘，使其无法进攻。（图2-56）

图2-55

图2-56

3. 我方上体前探，右掌前伸，向左拦住敌方左肋。（图2-57）

4. 我方腰向左拧，右掌向左猛劲旋按，右臂滚压助力，致其翻倒于地。（图2-58）

图2-57

图2-58

败中取胜

十七

【实战应用】

1. 我方滑步进身，右拳冲击敌方脸部。敌方偏身闪过，两掌上起，拦截我方右腕与右上臂。（图2–59）

2. 我方右臂用力屈肘，前顶敌方两掌；左脚外摆，右脚上步，后绊敌方左脚；左拳乘机下栽，冲击敌方小腹。（图2–60）

图2–59

图2–60

3. 我方左拳不收，顺势变掌，抖劲前推；右拳绕过敌方两掌，向前猛砸敌方面门，致其翻跌于地。（图2–61）

图2–61

十八

幻影移山

【实战应用】

1. 敌方右脚上步，左拳崩击我方腹部。我方步稍后撤，右掌向左拦拍敌方右腕。（图2–62）

2. 敌方左拳受阻，再冲右拳，击向我方脸部。我方左脚稍撤；左掌上起，拦拍敌方右肘。（图2–63）

3. 我方反击，左掌贴住敌方右臂顺势向右推送；两脚前滑进步；右掌向上插击敌方右腋。（图2–64）

图2-62

图2-63

图2-64

4. 我方右脚上步，后绊敌方右脚；上身前探，右掌前伸，以右前臂拦住敌方胸部。（图2-65）

5. 我方身向左转，右前臂向左用力拦压，右臂兜住敌方右腋向前猛冲，致其后翻跌出。（图2-66）

图2-65

图2-66

顺风拔柳

十九

【实战应用】

1. 敌方右脚上步，左拳冲击我方脸部。我方向右闪步，左臂屈肘向左拦挡敌方左膀。（图2-67）

2. 我方左脚上步，右脚前跨；身向下俯，右手下伸，向右捞住敌方左小腿，左掌顺势按住敌方左肋。（图2-68）

图2-67

图2-68

3. 我方起腿弓步，向左拧腰；右手抄起敌方左小腿向左猛劲抛送，左掌按住敌方左肋向左旋劲推压，致其翻身后倒。（图2–69）

图2–69

二十 分水寻莲

【实战应用】

1. 敌方右脚上步，右拳冲击我方胸部。我方向右潜身，左脚顺势进至敌方右门；左臂向上拦架，保护我方上门；右手下撩，准备攻击。（图2–70）

2. 我方身体上起，右手上抄敌方右小腿；左掌顺势下落，按压敌方左大腿根，致其身向后歪。（图2–71）

3. 我方向左拧腰，两脚左碾，身向上起；左掌按住敌方大腿根向左猛劲旋压，右手兜住敌方右小腿向左旋劲掀送，致其旋翻跌出。（图2–72）

图2–70

图2–71

图2–72

二十一

海底插针

【实战应用】

1. 敌方右脚上步，右拳反背砸击我方脸部。我方身稍后闪，右掌上起，拦托敌方右拳。（图2–73）

2. 我方左脚上步，进至敌方右门；右掌顺势捋推敌方右臂，左掌乘机撩击敌方裆部。（图2–74）

图2–73

图2–74

3. 我方左膝前顶，旋劲扭别敌方右膝；左掌转腕，猛劲推按敌方右大腿根，致其失衡歪倒。（图2-75）

图2-75

罗汉脱靴

二十二

【实战应用】

1. 敌方右脚上步，右拳冲击我方脸部。我方向下潜身闪过，左脚顺势上步，进至敌方右门；左手下伸，去抓敌方右腿。（图2-76）

2. 敌方收腿欲脱。我方再伸右手，两手合力抓扣，令其难逃。（图2-77）

3. 我方两脚前滑，向右拧身；两手扣抱敌方右腿向右提拽，致其旋身而倒。（图2-78）

图2-76

图2-77

图2-78

达摩踏浪

二十三

【实战应用】

1. 敌方滑步进身，右拳冲击我方脸部。我方向左稍闪，右掌向右上拦敌方右臂。（图2–79）

2. 我方右掌顺势外捋敌方右臂；右脚前提，踩踏敌方左膝，伤其关节，致其失力。（图2–80）

图2–79

图2–80

3. 我方右脚不收，抵住敌方左膝向右斜蹬而去；右掌贴住敌方右臂缠劲抖动，致其腿伤，歪地难起。（图2–81）

图2–81

二十四

拨云见日

【实战应用】

1. 敌方左脚进步，左拳砸向我方脸部。我方向右闪过，左臂稍屈，向左横拦敌方左肘。（图2–82）

2. 我方左手贴住敌方左臂向左下压，准备反击；不料敌方右掌突然向我方脸部扑推而来。我方急提右掌，向右拦截敌方右臂。（图2–83）

3. 我方右掌外旋下按敌方右前臂；右脚上步，进至敌方左门。敌方吞胸收腹，左脚后退，意欲脱逃。（图2–84）

图2-82

图2-83

图2-84

4. 我方赶紧变招，右脚贴住敌方左脚向左勾扫；右手抓住敌方右臂向右下拽，左拳贴住敌方左腕向左上甩，致其斜身倒地。（图2-85）

图2-85

二十五 老汉赶驴

【实战应用】

1. 敌方移步进身，右脚踹击我方胸部。我方向左偏身，避过敌方来踢。（图2-86）

2. 我方右脚前移，上体前探；以右膀贴住敌方右大腿向前挤靠，致敌身歪欲倒。（图2-87）

3. 我方左脚蹬起，身再前倾；右肩发力，继续冲撞，致其仆地乃止。（图2-88）

图2-86

图2-87

图2-88

二十六 山童搬笋

【实战应用】

1. 敌方右脚上步，右拳冲击我方脸部。我方向左潜身，左脚前滑，进至敌方右门；左掌前探，从敌方身后抓搂其左大腿。（图2–89）

2. 我方下伸右手，从敌方右大腿里侧向后抓搂；身向左转，顺势低头，前抵敌方上腹。（图2–90）

图2–89

图2–90

3. 我方两手抓紧敌方两腿，向后提拽；两腿弓步，头部贴住敌方上腹抖劲前撞，致其后坐跌地。（图2-91）

图2-91

二十七 喜鹊拽蛇

【实战应用】

1. 敌方左脚进步，左拳冲击我方脸部。我方撤身避过，左掌上提，向左拦格敌方左臂。（图2-92）

2. 我方上提右手，与左手合力抓拿敌方左臂向下捋牵；右脚稍摆，致敌上体前俯。（图2-93）

3. 我方向右转身，两手紧抓敌方右腕向右拧拽，将其拖翻于地。（图2-94）

图2-92

图2-93

图2-94

进腿抖肘

【实战应用】

1. 敌方右脚上步，右拳冲击我方腹部。我方吞身闪过，左臂下伸，向左拦压敌方右臂。（图2–95）

2. 我方右脚垫步，左脚上步后再向左倒扫敌方右脚或小腿，准备将其踢倒；两臂屈肘上提，协动蓄劲。（图2–96）

图2–95

图2–96

3. 敌方腿力较强，我方左脚没能奏效，赶紧顺势前落，左膝前弓别压敌方左膝；左肘乘机前压敌方胸部，致其身歪欲倒。（图2-97）

4. 我方继续用招，左大腿顺势前撞敌方裆部；左肘近身抖劲，旋臂前捣，致其远跌而去。（图2-98）

图2-97

图2-98

牵甩推压

二十九

【实战应用】

1. 敌方左脚进步，左拳崩击我方脸部。我方撤身避过，左掌上提，向左拦挡敌方左臂。（图2–99）

2. 我方左手顺势抓住敌方左臂；右脚上步，进至敌方裆下，右腿里拦敌方左腿；右掌前伸，按住敌方左肩。（图2–100）

图2–99

图2–100

3. 我方向左拧身，右掌按住敌方左肩向左猛劲推压；左手牵住敌方左臂向左后甩，致其旋跌栽出。（图2–101）

图2–101

三十

飞燕穿林

【实战应用】

1. 敌方移步进身，右脚正蹬我方头部。我方向右闪过，左臂屈肘上抄敌方右小腿。（图2–102）

2. 我方右脚上步，进至敌方左门；右臂前伸，向右横拦敌方右肩（或右颈）。（图2–103）

3. 我方右腿绊住敌方左腿，向左勾别；右臂拦住敌方右肩，向右猛力旋压，致其后翻倒地。（图2–104）

图2-102

图2-103

图2-104

三十一

擒突变打

【实战应用】

1. 敌方左脚进步，左掌向我方胸部推来。我方拧身闪过，左手顺势抓扣敌方左腕。（图2-105）

2. 我方右脚稍向前滑，上体左旋；左手缠捋敌方左腕；右肘向左拐击敌方左臂。（图2-106）

图2-105

图2-106

3. 我方连击，右掌变拳，向前砸击敌方脸部。敌方上提右掌，拦推我方右腕。（图2–107）

4. 敌方右掌又顺势抓拧我方右腕，与我方较劲。（图2–108）

图2–107

图2–108

5. 我方右拳突发抖劲，随即翻腕反抓敌方右腕，向右拧压；左手松开敌方左腕，去推敌方右肘。两手合力扭别敌方右臂，致其被动失势。（图2–109）

6. 我方右脚前滑；左掌突然变拳，前砸敌方脸部；松开右手，突然前推敌方胸部。擒突变打，出其不意，将其击倒。（图2–110）

图2–109

图2–110

三十二

将军挥鞭

【实战应用】

1. 敌方左脚进步，左拳崩击我方脸部。我方撤步闪过，左手顺势向左抓拿敌方左腕。（图2-111）

2. 我方左手抓住敌方左腕向左下方拧拽；右脚上步，进至敌方左门；身向前探，右手下沉，右膀向前挤靠敌方左肋，致其身向右倾。（图2-112、图2-113）

图2-111

图2-112

图2-113

3. 我方顺势展开右臂，拦住敌方胸部，右手变拳，猛劲向右扫去，致其栽身仆出。（图2-114）

图2-114

三十三 捞擒推壁

【实战应用】

1. 我方左脚进步，左拳崩击敌方胸部。敌方退步躲过，左臂屈肘外拦我方左腕。（图2-115）

2. 我方见敌拦截，左手外旋抓住敌方左前臂。敌方见我擒拿，左掌顺势也旋抓我方左前臂。势成互抓，敌我较劲。（图2-116）

3. 我方右脚上步，进至敌方左门；右掌向左上穿，右臂屈肘向上猛挎敌方肘部，致其疼痛失力；左臂顺势屈肘，脱开敌方左手。（图2-117）

图2-115

图2-116

图2-117

4. 我方右掌乘机向前下落，抓扣敌方左肩，右臂用力上挺；左手下拉相助，再折敌方左肘。敌方左臂用力抵抗，抽手欲逃。（图2-118）

5. 我方右掌突发抖劲，猛推敌方胸部；右脚勾拦敌方左脚，致其后倒。（图2-119）

图2-118

图2-119

三十四

探手双牵

【实战应用】

1. 敌方左脚进步，左拳砸击我方脸部。我方撤步闪过，左掌上提，向左拦架敌方左腕。（图2–120）

2. 我方左脚稍向前移；左掌顺势抓住敌方左腕，向左下拧。（图2–121）

图2–120

图2–121

3. 我方右脚上步；右掌劈向敌方脸部。敌方上提右手，拦抓我方右臂。（图2–122）

4. 我方右脚再进；右臂向右拦压敌方右手，左手向左牵带敌方左臂。（图2–123）

图2–122

图2–123

5. 我方右掌顺势外旋反抓敌方右腕，向下抖劲旋拧；左掌向前上托敌方右上臂（或右肘），两手合力，擒制敌臂。（图2–124）

6. 我方向右拧身，两手紧抓敌臂突然向右下方猛劲拖甩，将其扭翻在地。（图2–125）

图2–124

图2–125

三十五

擒臂抹眉

【实战应用】

1. 敌方右脚上步，右拳冲击我方胸部。我方向左闪过，两掌顺势抓按，右掌抓敌右腕，左掌抓敌右上臂（或右肘）。（图2-126）

2. 我方右脚垫步，左脚乘机上步，左腿后绊敌方右腿；右手下拽敌方右腕，左掌前伸，按住敌方前额。（图2-127）

图2-126

图2-127

3. 我方向左拧身，左掌紧按敌方前额向左猛劲旋压，右手扭住敌方右腕向上甩起，致其歪头栽出。（图2–128）

图2–128

推山填海

【实战应用】

1. 敌方右脚上步，右拳冲击我方胸部。我方向左偏身，右掌拦推敌方右拳，左掌拦格敌方右肘。（图2–129）

2. 我方右手乘机抓住敌方右腕向下按压，左臂向右绕过敌方右臂，顺势夹压；右脚上步，进至敌方右门，后绊敌方右脚。（图2–130）

3. 我方右脚前移，两腿弓步；左掌推其腹，右掌推其胸，两掌齐推，猛劲抖震，致敌远跌。（图2–131）

图2-129

图2-130

图2-131

第三章

少林燕青老擒扑（十八手）

少林燕青老擒扑，乃本门精选之手，代代相传，招法精湛，古朴实用，统共十八势，又称“燕青十八绝”“沾衣十八跌”。

实战之时，反应要灵敏，攻防要准确，出手要快捷，发劲要迅猛，见机即急进，沾身即擒摔。

有歌曰：燕青擒扑法，妙手有十八。沾衣去捉拿，绊腿加勾挂。歪斜又晃悠，不躺就下趴。

一

引手穿梭

【实战应用】

1. 我方右脚上步，右拳砸向敌方脸部。敌方退步后避；右臂上伸，向右拦压我方右臂。（图3–1）

2. 我方两脚前滑；左掌上提，向左拨开敌方右臂；右手后收，蓄势待发。（图3–2）

图3–1

图3–2

3. 我方左脚上步，向右勾挂敌方右腿，两掌一起向左拦压敌方右肩，欲行摔跌。敌方仰身避过。（图3-3）

4. 我方左脚落地，两腿弓步；两掌前伸（左掌对其肩，右掌对其胸），猛劲推送，致敌方跌出。（图3-4）

图3-3

图3-4

二

按压拧别

【实战应用】

1. 敌方右脚进至我方中门，左手来抓我方裆部。我方偏身闪过，右掌下按敌方左手。（图3–5）

2. 我方右掌顺势抓住敌方左手；左前臂靠击敌方左腮（或左掌向左横切敌方左颈）。敌方急忙闪躲。（图3–6）

图3–5

图3–6

3. 我方左掌乘机前伸，拦住敌方脊背向左猛劲旋压；右手向右上拧敌方左手，合力将其摔倒在地。（图3–7）

图3–7

大鹏展翅

【实战应用】

1. 敌方右脚上步，右拳冲击我方脸部。我方向左闪步，右掌立起，向右拦截敌方右腕。（图3–8）

2. 我方右掌顺势抓住敌方右腕，向右下拽；左臂向右下伸，以左腋夹住敌方右肘；左脚乘机前滑，进至敌方右门。（图3–9）

3. 我方向左旋身，两脚摆扣；左臂向左上抡，猛劲拦压敌方胸部，致其斜身歪倒。（图3–10）

三

图3-8

图3-9

图3-10

燕青擒虎

【实战应用】

1. 敌方左脚进步，左拳崩击我方脸部。我方向左偏身，右掌上起，向右拦格敌方左臂。（图3–11）

2. 我方上体前探，右掌顺势按压敌方左肘；左手乘机从敌方右侧向右搂抱敌方后脑（或脖颈）。（图3–12）

图3–11

图3–12

3. 我方左脚向左斜前方上步；身向右转，右手向右捋抓敌方左腕，左手向下扒压敌方后脑。（图3-13）

4. 敌方挺头抵抗，我方未能致其下趴。我方左脚稍摆，拉开距离；右脚上提，向前斜蹬敌方左膝，伤其关节。（图3-14）

图3-13

图3-14

5. 我方右脚向右收步；两手突然向右变劲，右手拉拽敌臂，左手搂压敌头，致其旋身滚跌。（图3-15）

图3-15

五 小将探路

【实战应用】

1. 敌方右脚上步，右拳冲击我方脸部。我方向右俯身，左臂上提，向左拦架敌方右臂。（图3-16）

2. 我方两脚前滑，左脚进至敌方裆下；左拳变掌，掌根发力，砸向敌方裆部。敌方弯腰急躲。（图3-17）

3. 我方身向左倾，左腿前弓；左掌不收，突发寸劲，向前抖推，致其瘫倒。（图3-18）

图3-16

图3-17

图3-18

六

梁山伏虎

【实战应用】

1. 敌方右脚上步，右拳冲击我方脸部。我方身稍左闪，右掌前挑，向右拦截敌方右臂。（图3-19）

2. 我方右掌顺势抓拿敌方右腕，向右下牵；左脚上步，左腿后绊敌方右腿，左肘上提，砸压敌方右臂，致其疼痛失力。（图3-20）

图3-19

图3-20

3. 我方身向右转，右手用力向右拧拉敌方右腕；左手向右下伸，左腋裹压敌方右肘。（图3–21）

4. 敌方不甘低头，向其左侧挺身撤臂。我方左掌借力，向左反手拦抓敌方下颌。（图3–22）

图3–21

图3–22

5. 我方向左拧腰，右手向上推甩敌方右腕；左手拦住敌方下颌向左猛劲旋压，将其摔翻于地。（图3–23）

图3–23

七

顺水推舟

【实战应用】

1. 敌方左脚进步，左拳崩击我方脸部。我方撤步避过，左掌向前拦架敌方左腕。（图3–24）

2. 我方右脚上步，进至敌方左门，右腿绊住敌方左腿；左掌顺势向前按住敌方左上臂，向前旋推；右臂前伸，从敌方腹部猛劲向上抄起，致其翻身栽倒。（图3–25、图3–26）

图3-24

图3-25

图3-26

八

绊马肩撞

【实战应用】

1. 我方左脚进步，左拳冲击敌方心窝。敌方向后闪过，右手抓按我方左腕，意欲擒拿。（图3–27）

2. 我方急冲右拳，击向敌方脸部。不料敌方右手上翻，又抓我方右腕；左手托抓我方右上臂，两手拉拽，意欲摔跌。（图3–28）

图3–27

图3–28

3. 我方右臂顺着敌劲向前下压，贴住敌方腹部；右脚趁势上步，进至敌方左门；左掌乘机下伸（指尖向下），按住敌方左膝。（图3-29）

4. 我方右腿前弓；左掌旋推敌方左膝，右肩猛劲前撞敌方左臂，致其侧翻跌出。（图3-30）

图3-29

图3-30

九

捞月抛日

【实战应用】

1. 敌方右脚上步，右拳崩击我方头部。我方向右闪身，左臂屈肘上架敌方右臂。（图3-31）

2. 我方两脚前滑，左脚进至敌方右门；左肘顺势前顶，抵住敌方右肩；右手下伸，捞住敌方右膝弯。（图3-32）

图3-31

图3-32

3. 我方右手捞起敌方右腿，向右上抛；左臂伸开，拦住敌方胸部，猛劲向左旋压，致其失衡倒地。（图3–33）

图3–33

十 壮士晃膀

【实战应用】

1. 敌方右脚上步，右拳冲击我方脸部。我方向左闪过，右掌上扬，向右拦架敌方右臂。（图3–34）

2. 我方右手顺势抓住敌方右臂向右拉拽；两脚前滑，左脚进至敌方裆下；身向右转，左膀贴住敌方右上臂向右用力旋压，将敌方牢牢擒制。（图3–35、图3–36）

图3-34

图3-35

图3-36

3. 如欲摔跌，我方右手向右后方提扳敌方右前臂，左膀向右下方抖劲靠击敌方右上臂，即可致其臂伤翻倒。（图3–37）

图3–37

十一、落膝跪马

【实战应用】

1. 我方左脚进步，左拳栽击敌方腹部。敌方吞身收腹，右掌向外反拍我方左腕。（图3–38）

2. 我方再出右拳，砸向敌方脸部。敌方两掌拦截。（图3–39）

3. 我方右肘用力向前挤靠，左掌按住自己的右前臂助劲前推，迫使敌方两手回防；右脚乘机向左勾挂敌方左脚跟。（图3–40）

图3-38

图3-39

图3-40

4. 我方上提右手，右肘前靠敌方胸部；右膝前抵敌方左膝弯。（图3-41）

5. 我方猛劲发力，右肘下砸，右膝前弓，致其前仆。（图3-42）

图3-41

图3-42

十二

喜鹊舒翅

【实战应用】

1. 敌方右脚上步，右拳冲击我方脸部。我方向左闪过，两手上起，向右拦截，右手拦抓敌方右腕，左掌推按敌方右肘。（图3-43）

2. 我方右脚稍进；两手顺势向下按压敌方腕臂。（图3-44）

图3-43

图3-44

3. 我方左脚上步，进至敌方右门；右手抓住敌方右腕向右后拽，左掌斜向左上甩击敌方左颈（或鼻子）。敌方仰头急躲。（图3-45）

4. 我方左掌不收，顺势转腕，横砍敌方咽喉；右手松开敌腕，前推敌方心窝，两掌合力，将其击出。（图3-46）

图3-45

图3-46

上封下闭

十三

【实战应用】

1. 敌方左脚进步，右拳冲击我方脸部。我方向左避过，两掌上起，向右合力拦截，右掌拦抓敌方右腕，左掌推按敌方右肘。（图3–47）

2. 我方右脚上步，进至敌方裆下；右掌顺势向前推挤敌方右臂，左掌下伸，按住敌方右大腿根。（图3–48）

图3–47

图3–48

3. 我方两手沾身发劲，一起向右旋推，致敌方突失重心，翻身而倒。（图3–49）

图3–49

十四

抄腿绊摔

【实战应用】

1. 敌方垫步进身，左腿横扫我方右肋。我方向左闪身，右臂屈肘顺势抄起敌方左小腿，左掌乘机按住敌方左膝。（图3–50）

2. 我方左脚垫步，右脚前伸，向右扫绊敌方右膝；两手抱住敌方左腿向左扳扭，将其摔倒在地。（图3–51、图3–52）

图3-50

图3-51

图3-52

十五

金蛇缠柳

【实战应用】

1. 敌方左脚进步，左拳冲击我方咽喉。我方向左闪步，右掌上挑，向右拦格敌方左臂。（图3-53）

2. 我方右脚前滑，左脚跨步，左腿后绊敌方左腿；右手顺势抓拉敌方左腕，左手向前抓按敌方右肩；头部穿过敌方左臂，进至敌方左侧。（图3-54）

图3-53

图3-54

3. 我方随即发力，右手向右后甩敌方左臂；向右拧身，左手按住敌方右肩向右猛劲旋压，将其摔躺于地。（图3-55、图3-56）

图3-55

图3-56

十六

野马抖鬃

【实战应用】

1. 敌方右脚上步，右拳冲击我方脸部。我方撤步沉身，右臂上挑，向右拦格敌方右臂。（图3-57）

2. 我方右手顺势抓拧敌方右腕；随即向左转身，左脚插步进至敌方右门；左掌后甩，击向敌方左颈。（图3-58）

图3-57

图3-58

3. 我方左掌向左后翻，反搂敌方脖颈；左臂顺势拦住敌方咽喉。（图3-59）

4. 我方左脚撤步，上体左转；左臂猛然向左旋压，致其滚跌。（图3-60）

图3-59

图3-60

十七

钩镰绊马

【实战应用】

1. 敌方右脚上步，右拳冲击我方脸部。我方向左稍闪，右臂屈肘向前上架敌方右臂。（图3-61）

2. 我方右掌顺势下按敌方右臂；右脚提起，向左勾踢敌方右膝弯，致其身歪欲倒。（图3-62）

图3-61

图3-62

3. 我方右脚不收，勾劲不松；左掌乘机上起，与右掌合力按住敌方右臂，向右抖劲旋压，致其翻身趴倒。（图3–63）

图3–63

抡拨勾挂

十八

【实战应用】

1. 敌方移步进身，右腿踹向我方腹部。我方向右闪步，左臂下伸，向左拦格敌方右小腿。（图3–64）

2. 我方身向左拧；左臂贴住敌方右腿，用力向左上抡，抖劲旋拨。敌腿受力，翻转下落。（图3–65）

3. 敌方腿刚落地，身步不稳。我方右脚乘机垫步；左脚前伸，勾挂敌方右脚，致其前趴。（图3–66）

图3-64

图3-65

图3-66

第四章

少林燕青反擒扑（二十四手）

民间有“只能擒敌，不能反制，不算艺成”之说。前三章讲述了少林燕青擒扑手的三大主攻招法，本章再给读者介绍一下燕青门的反擒扑。编者挑选其中实用、易学的二十四势，加以举例分解，以便读者能更深刻地体会少林燕青擒扑手相生相克的变化之妙。

何谓反擒扑？简单地讲，就是以擒扑制擒扑。当敌方对我方进行擒拿或欲使我方摔跌之时，我方以擒扑来解脱并反制，先破后攻，尽快化解，随机应变，乘机还击。

实战之时，敌方刚刚开始擒抓，我方就要用力相抗，或急速脱开，或顺势化解；不得让敌方轻易发劲，一旦大势已去，则我方很难脱险。如果解脱成功，即要乘敌方失力或丢手之机，快速反扑，反客为主，方为万全；不得轻易放虎归山，坐失良机，否则无法擒伏顽敌。

当然，对付擒扑也可使用打法反击，但不属本书范围，故不多述。

林里扭枝

【实战应用】

1. 我方右脚上步，右拳冲击敌方胸部。敌方后闪；乘我方不备，以左手抓住我方右腕。（图4–1）

2. 敌方右脚上步，来绊我方右腿；左手下拉我方右臂，右掌推向我方下颌。我方提起右腿，以防被绊；向右转身，闪过敌掌；左手上起，抓住敌方右掌，阻其前推。（图4–2）

图4–1

图4–2

3. 我方右脚落地站稳，身向左转；左手紧抓敌方右掌向左前方旋压，使敌方屈臂失力；右手乘机抽出，上推敌方右肘。（图4-3）

4. 我方右脚上步，后绊敌方右腿；左手继续向左下方用力旋压，右掌继续用力上推，扭伤敌方肩肘，致其翻身后倒。（图4-4）

图4-3

图4-4

灵蛇绕树

【实战应用】

1. 我方左脚进步，左拳冲击敌方胸部。敌方撤步避过，右掌上起，拦截我方左腕。（图4-5）

2. 敌方右手抓提我方左腕；左脚上步，左腿后绊我方左腿，低头钻过我方左臂，左肩扛住我方左肘；左手来卡我方咽喉。我方赶紧上提右手，抓拉敌方左手，先解锁喉之险；随即前上右脚，前送左臂，向左转身，再解敌方扛肘。（图4-6、图4-7）

图4-5

图4-6

3. 我方右手抓住敌方左手向右下拧，折敌左腕，致其疼痛失力；左手乘机解脱向左前绕，以左臂用力向右拦压敌方脸部，致其后翻滚地。（图4-8）

图4-7

图4-8

三

浪子降龙

【实战应用】

1. 我方左脚进步，左拳崩击敌方咽喉。敌方退步后闪，右臂上起，向外格挡我方左臂。（图4–9）

2. 敌方左脚上步；右手后搂我方脖颈，左掌上推我方下颌。我方急用右手向左上托敌方左肘，化解敌方上推我方下颌之力；两脚换步，左手后抱敌方后腰，以防被推后倒。（图4–10）

图4–9

图4–10

3. 我方开始反击，左脚撤步；左手抓住敌方左腕，向左下拧；右掌顺势向左推挤敌方左肘，将其擒制。（图4–11）

4. 我方身向左转，左手向左下拽敌方左腕，右手用力旋压敌方左肘，致其前趴。（图4–12）

图4–11

图4–12

顺肘抡臂

【实战应用】

1. 我方左脚进步，左拳崩击敌方胸部。敌方撤步吞身，右掌向里拍击我方左拳。（图4–13）

2. 敌方右脚上步，进至我方中门；右掌抓住我方左腕，右臂屈肘夹住我方左臂，欲行擒拿。（图4–14）

图4–13

图4–14

3. 我方左臂屈肘，沾身突发，向左抖劲拐击，伤敌右肋（或右胸）；左腕顺势脱开敌方抓手。（图4–15）

4. 我方左前臂乘机前伸，对准敌方脖颈向左下方猛劲抡压，将敌摺倒在地。（图4–16）

图4–15

图4–16

鹞鹰扑食

【实战应用】

1. 我方左脚进步，左拳上勾敌方下颌。敌方仰头后闪，右掌上起，向里拦拍我方左拳。（图4–17）

2. 敌方左手紧跟，与右手合力来握我方左拳，欲行擒拿。我方右脚垫步，左脚前滑，左膝对准敌方左腿前胫用力跪压，致其疼痛失力；右手下伸，蓄势待发。（图4–18）

图4–17

图4–18

3. 我方左膝顺势跪地，身体前扑；右臂乘机兜夹敌方左小腿，左肘下落，猛劲砸压敌方右腿，致敌受创仰倒。（图4-19）

图4-19

六 挑帘闯堂

【实战应用】

1. 我方左脚进步，左掌推击敌方下颌。敌方退步避过，两手上起，合力抓扣我方左手掌指，准备推压卷折。（图4-20）

2. 我方急出右掌，向右上挑敌方左臂；左掌乘机向左抽回。（图4-21）

3. 我方两脚滑步，左脚踏入敌方中门；身向右转，左肘用力摆击敌方心窝。敌方仰身急躲。（图4-22）

图4-20

图4-21

图4-22

4. 我方左拳顺势前翻，砸向敌方脸部；左脚向右勾扫敌方左脚，致其翻倒在地。（图4–23）

图4–23

七 转擒抓摔

【实战应用】

1. 我方左脚进步，左拳砸向敌方脸部。敌方退步避过，左拳前崩，拦封其上门。（图4–24）

2. 敌方左拳突然变掌，抓住我方左腕，向我方右侧用力扭转。我方赶紧顺着敌劲，从敌方左臂下侧向左转身约一周，即可解脱。（图4–25）

3. 我方右脚顺势进至敌方左门；左手乘机抓住敌方左手，右肘盘压敌方左肘，将其擒拿。（图4–26）

图4-24

图4-25

图4-26

4. 我方前伸右手，虎口向下，反抓敌方脸部（或头发），向右猛劲旋甩，将其侧摔于地。（图4–27）

图4–27

八

绞臂金锁

【实战应用】

1. 我方左脚进步，左拳崩击敌方胸部。敌方闪身躲过，进至我方左侧；左手抓拉我方左腕，右臂屈肘来撞我方左肘，欲伤我方关节。（图4–28）

2. 我方左臂赶紧屈肘前挑，以免被敌方重创；左手顺势后抽，脱开敌方左手；右手乘机缠抓敌方右腕，右脚向右摆步。（图4–29）

3. 我方反击，左手前伸，抓住敌方左腕。（图4–30）

图4-28

图4-29

图4-30

4. 我方发力，右手抓敌方右腕向右下拉，左手拽敌方左腕向左上扳，使敌方两肘相绞，束手就擒。我方继续加力，即可致敌方侧身歪倒。（图4–31）

图4–31

九

大蟒回身

【实战应用】

1. 我方左脚进步，左拳上勾敌方下颌。敌方向后退步，右手向外反抓我方左腕。（图4–32）

2. 敌方用招擒拿，右脚滑步；右手继续向外拧压我方左腕，左手上推我方左肘。（图4–33）

3. 我方赶紧顺着敌劲向右后转，右脚插步，即可解脱。（图4–34）

图4–32

图4–33

图4–34

4. 我方继续右转，两脚摆扣；右肘后捣，击敌方胸部；左手乘机抓住敌方右腕。（图4-35）

5. 我方右肘顺势上提，右臂兜起敌方右肘向右旋劲扭别；左脚上步进至敌方中门，右脚摆步助劲，即可将其擒拿。如欲跌敌，则我方以右肘向右加力盘压，立可致敌方头部栽地。（图4-36）

图4-35

图4-36

倒撵山猴

十

【实战应用】

1. 临敌之际，敌方乘我方不备，突以左手抓拉我方左腕，右肘盘压我方左肘，致我方被动失势。（图4–37）

2. 我方急用右手去推敌方右肘，缓解敌劲；右脚前移，用力起身左转；左手乘机托抓敌方左腕，迟滞其力。（图4–38）

图4–37

图4–38

3. 我方右脚摆步；右手用力推开敌方右肘，左手向左猛劲提拽敌方左腕，解脱敌招。（图4–39）

4. 我方左手继续上提，右掌继续推压，将敌方扭倒，使其头部栽地。（图4–40）

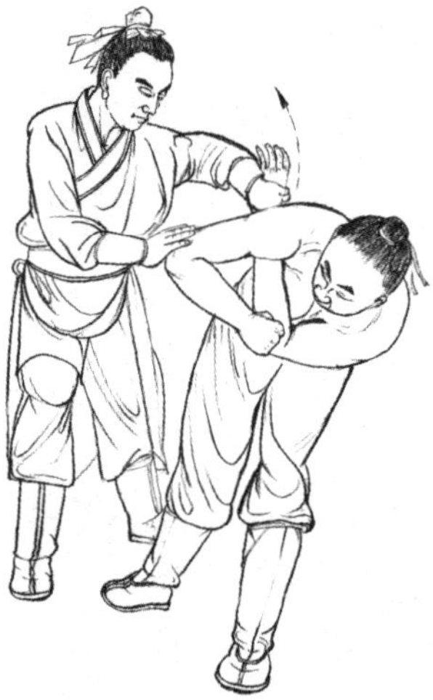

图4–39

图4–40

十一

旋风倒卷

【实战应用】

1. 我方不慎，右臂被敌方两手抓住。敌方以左肩扛住我方右臂，欲行摔跌。我方左脚迅速上抬，上身前靠，顺着敌劲，以免臂伤。（图4-41）

2. 我方立马反击，左脚一抬即落，右膝提起，顶击敌方腰部；左手前伸，抓扣敌方下颌，向后扳拉；右臂顺势屈肘，用力反缠敌方颈部。（图4-42）

图4-41

图4-42

3. 我方右脚向后落步，身向右转；左手、右臂合力向右扳压，致敌方后倒躺地。（图4–43）

图4–43

十二

青龙卧道

【实战应用】

1. 我方右脚进步，右拳前崩敌方胸部。敌方退步避过，右手抓按我方右腕。（图4–44）

2. 我方急屈右臂，欲收右拳。不料敌方两脚紧跟；左手顺势按住我方右肘，欲行擒拿。（图4–45）

3. 我方右腕后拉，左手前伸，按住敌方右手；两脚进步，右肘用力前顶，逼敌方后退，迫其回防，反客为主。（图4–46）

图4-44

图4-45

图4-46

4. 我方右肘下砸；两腿跪步，右膝顺势向前旋压敌方右腿，伤其胫骨，致其后跌。（图4–47）

图4–47

十三 雄鹰回身

【实战应用】

1. 我方左脚进步，左拳崩击敌方胸部。敌方沉身后坐，左掌上挑，拦格我方左腕。（图4–48）

2. 敌方左手抓拧我方左腕；右脚上步，进至我方左门；右掌抓按我方左肘，欲伤我方关节。我方急将左肩前倾，旋屈左肘，顺着敌劲，以免折伤。（图4–49）

3. 我方向右后转，右脚向后插步进至敌方裆下，左脚顺势向左摆步；右手上伸，锁扣敌方咽喉。此手锁喉，轻即令敌方松手，重则致敌方窒息，读者使用时务必把握好力度。（图4–50）

图4-48

图4-49

图4-50

4. 我方两脚前滑，右胯顺势冲撞敌方裆部；右掌抖劲推送敌方喉管，致其后跌倒地。（图4–51）

图4–51

十四 虎尾卷月

【实战应用】

1. 敌方乘我方不备，突以右手抓住我方左腕向上提拉，左脚乘机伸向我方左门。（图4–52）

2. 敌方左臂屈肘，兜夹我方左肘，欲折我方关节。（图4–53）

3. 我方顺着敌劲，右脚进步，身向左转，即可化解；右手乘机前伸，从右侧绕过敌方脸部，扣抓敌方左腮。（图4–54）

图4-52

图4-53

图4-54

4. 我方右脚撤步，左脚摆步；右手用力向右下扳，致敌方头歪身仰。（图4-55）

5. 我方右脚向右拉开；右手继续向右扳扭，即可致敌方翻身栽倒。此动如以快劲，可致敌方脖颈损伤，因此一定要注意力度。（图4-56）

图4-55

图4-56

暗踢钩镰

十五

【实战应用】

1. 敌方乘我方不备，右脚突然滑进我方中门；左手抓住我方右手，右手托抓我方右肘，欲伤我方关节。（图4–57）

2. 我方急以左前臂（或左拳）向下发力，下砸敌方右前臂，使其右手松开。（图4–58）

图4–57

图4–58

3. 我方左手外摆，右手下拉；突起左脚，向右勾挂敌方右脚，将其踢翻在地。（图4–59）

图4–59

十六 顺鸾拗肘

【实战应用】

1. 敌方右脚进步，右手抓住我方左腕向外拧推，左手按住我方左肘向里扳扭。（图4–60）

2. 我方顺着敌劲，左手前伸，左臂右旋，即可化解；右脚垫步，左脚乘机后绊敌方右脚。（图4–61）

3. 我方向左转身，两脚摆扣；左拳用力盘绕敌方右臂，向上勾击敌方下颌（或脸部），致敌方伤痛，迫其松手。（图4–62）

图4-60

图4-61

图4-62

4. 我方左臂顺势前伸，拦住敌方胸部，向左用力扫压；右掌向左推按，致其后翻倒地。（图4-63）

图4-63

十七 懒驴打滚

【实战应用】

1. 敌方左脚上步；左手抓住我方右腕向外扭推，右臂向上兜住我方右臂向里扳折。我方见敌方擒拿，右臂赶紧用力相抗。（图4-64）

2. 敌方见无法得逞，则右脚上步；右手前伸，向下旋压我方右肩，仍欲擒拿。我方顺着敌势，向前俯身，以卸其劲。（图4-65）

3. 我方继续俯身，主动向左倒地滚翻，顺势用左腿外摆敌方头部，致其重创，脱其擒制。（图4-66）

图4-64

图4-65

图4-66

4. 我方左腿继续外摆，拦压敌方胸部，致其后倒；上体顺势左翻，两腿立起；右掌切压敌方左大腿根，致其跌坐于地。（图4-67）

图4-67

十八 边风刮雪

【实战应用】

1. 敌方右脚进步；左手抓住我方左腕，右臂兜夹我方左肘，向上用力扳折。我方顺着敌劲，左臂上起，右脚抬起，身向左倾。（图4-68）

2. 我方右脚向敌方中门上步，向左转身；右手上伸，以大拇指扣住敌方鼻翼用力前推（其余四指扣其左腮，掌心按住敌方下颌），致其疼痛，迫其松手。（图4-69）

3. 我方向左转身，两脚摆扣；右手猛劲向左旋劲扳压，致敌方仰身后倒。（图4-70）

图4-68

图4-69

图4-70

十九

壮士晃膀

【实战应用】

1. 敌方右脚进步；拧腕按肩，擒制我方左臂。我方身体前俯，顺势泄其劲。（图4–71）

2. 我方乘机上伸右手，抓住敌方右腕，向右下拽，使其脱开。（图4–72）

图4–71

图4–72

3. 我方右手继续向右下拉敌方右腕；身体上起。（图4–73）

4. 我方右脚扣步；左肩向左用力靠挤敌方右肩，迫其身体扭转。（图4–74）

5. 我方突然身向右转；左膀向右下方猛撞敌方右肘；右手助劲向右后扳，致其前倒跪地。（图4–75）

图4–73

图4–74

图4–75

二十 旋风绞剪

【实战应用】

1. 我方垫步进身，左脚正蹬敌方腹部。敌方撤步躲过；两手抓擒我方左脚，右手托抓左脚跟，左手按抓左脚掌。（图4–76）

2. 敌方两手用劲向左旋拧我方左脚，欲行摔跌。我方顺势右转，稳住身形。（图4–77）

图4–76

图4–77

3. 我方右脚借劲飞起，在空中向右后摆，踢向敌方头部，致其重创。（图4–78）

4. 我方右脚向左下落，挡住敌方右腿；两手撑地，向左翻身；再以左腿向左用力拦压敌方胸部，将敌方绞翻于地。（图4–79）

注意，此招旋身飞踢，难度较大，初学者应谨慎使用，以免跌伤自身。

图4–78

图4–79

二十一

老农驯驴

【实战应用】

1. 敌方乘我方不备，用左手抓拧我方左腕，右手按压我方左肩；右脚踩踏我方左膝弯。我方顺着敌势，身向右转，左膝下沉，以减弱其劲、减少损伤。（图4–80）

2. 我方右手赶紧去抓敌方右脚踝（或右小腿），不得让其继续用力。（图4–81）

图4–80

图4–81

3. 我方右手抓住敌腿即行上提；左膝急起，用力盘压敌方右膝弯，致其身歪失力，两手松开。（图4-82）

4. 我方抽出左手，两手合抓敌方右小腿，向右猛劲提拽；左膝继续向下跪压敌方右膝弯，致其倒地前趴。（图4-83）

图4-82

图4-83

二十二

燕青解袍

【实战应用】

1. 敌方从我方背后突然擒拿，左手抓住我方左腕，向后扳拧；右臂缠住我方颈部，向后勒去。（图4-84）

2. 我方见势不妙，右手赶紧上起，抓拉敌方右腕（或右臂），不得让其勒紧；身稍向左转，左肘用力后顶敌方心窝（或软肋），化解锁喉之危。（图4-85）

图4-84

图4-85

3. 我方左脚向左绕步，左腿绊住敌方两腿。（图4–86）

4. 我方随即发力，向左拧腰，左手向左猛劲上摆，以左臂拦住敌方胸部向左扫压，致其两手撒开，后滚倒地。（图4–87）

图4–86

图4–87

二十三

虎将卸甲

【实战应用】

1. 敌方左手抓住我方左腕向后上拧；右脚上步，右腿拦住我方左腿；右手按压我方左上臂（或左肩），用力致我方低头俯身。（图4-88）

2. 我方被动，难以力取，赶紧顺着敌劲，左膝下跪，稳住身形；右手下伸，反抓（虎口向下）敌方右小腿（或右脚跟）。（图4-89）

图4-88

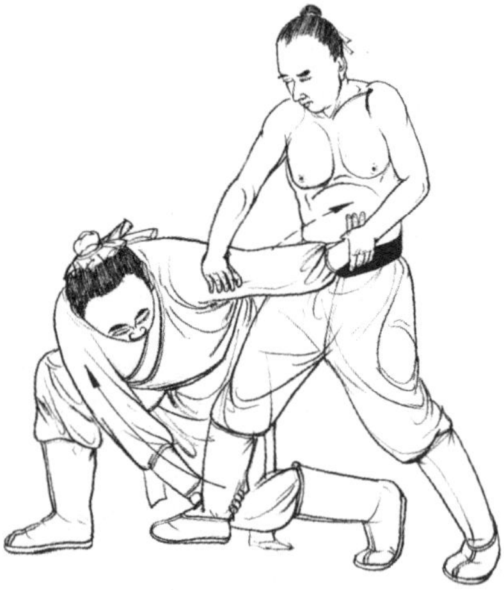

图4-89

3. 我方右手随即上扳，使敌方右腿仰起；顺势起身左倾，左臂用力挤压敌方腹部，致其身歪步乱。（图4–90）

4. 我方乘敌失势，右手猛将敌方右腿向左上抛；左肘急发抖劲，向左滚压敌方前胸，将其震倒于地。（图4–91）

图4–90

图4–91

二十四

海底捞月

【实战应用】

1. 我方滑步进身，左掌插击敌方咽喉。敌方潜身避过，两手顺势抱住我方左腿；右肩前顶我方腹部，欲行摔跌。（图4-92）

2. 我方急用右掌按住敌方后脑用力下压，迫其两手松开。（图4-93）

图4-92

图4-93

3. 我方下伸左手，从敌方身后捞抓敌方裆部用劲上提，使其两脚离地。（图4–94）

4. 我方向右拧腰发力，左手提住敌裆向右猛掀；右手按住敌头向右旋压，致其前翻滚地。（图4–95）

图4–94

图4–95